AF339637

EXTRAITS,

1° DE LA CORRESPONDANCE

DU Sʳ THIERRÉE,

Au Ministère des Finances en 1824,

2° DU TOCSIN COMMERCIAL EN 1830;

3° *D'un Mémoire relatif aux Achats de Toiles faits à Rouen, Mars 1830.*

(Ledit Mémoire produit dans un procès à Charleville et Metz.)

4° DU PLAIDOYER DE Mᵉ GUILLAUME DUFAYS,

RÉPÉTÉ A LA COUR DE METZ.

Paris.

1834.

Bellemain, Imprimeur, rue Saint-Denis, n. 268.

THIERRÉE ou L'EX-CAISSIER.

Air : *La Garde Royale est là.*

Muse un instant il faut rire
Et peindre un original ,
Qui gonfle sa tirelire
Avec l'argent d'un journal:
A la petite semaine
Il le place à son profit.
Grâce à cette douce aubaine
Sa tendre moitié lui dit :
Quel Malin ! quel Malin !
Que le Caissier du *Tocsin.*

Ce grand homme sait tout faire ;
C'est pis que Michel Morin !
Près de lui, la chose est claire ;
Un sorcier perd son latin !
Pour le savoir qui l'égale ?
On le cherche en vain , je crois ;
Selon lui, *Sardanapale*
Etait un prince iroquois.
Quel Malin ! quel Malin !
Que le Caissier du *Tocsin.*

Il s'enrichit du salaire
Du prote et de l'imprimeur ,
Traite de même manière
Employés et Rédacteur.
Cependant sa boutonnière ,
Offre certaine couleur
Qui.... mais c'est une autre affaire ;
La dut-il à sa valeur ?
Quel Malin ! quel Malin !
Que le Caissier du *Tocsin.*

Imp de Bellemain, rue St Denis, n, 268.

EXTRAITS

DE LA

CORRESPONDANCE DU Sr THIERRÉE

Au Ministère des Finances en 1824, &c.

« Et ne devrait-on pas, à des signes certains,
» Reconnaître le cœur des perfides humains ? »

L'organisation sociale est malheureusement encombrée d'un tas d'intrigans qui, dès qu'ils sont usés dans une localité, ont assez de tact pour se rendre justice, et sont assez habiles pour porter au plus vîte sur un autre théâtre, leur dangereuse industrie : rien ne favorise mieux ces intrigans que les révolutions. Sans principe, ils sont de tous les événemens, (quand les faits sont accomplis) : ils surgissent alors que le danger ne gronde plus, sollicitant les emplois et les faveurs sous les dehors les plus flatteurs. Il est tems d'assigner au sieur Thierrée, qui excelle dans ce genre d'exploitation, le rang qu'il s'y est acquis. C'est un devoir pénible, mais utile, que je remplis vis-à-vis de mes concitoyens : je crois rendre un service éminent à la société, qui recherche toujours, avant de placer sa confiance, à connaître la moralité de celui qui, *venu de loin*, se trouve investi d'un poste honorable exigeant un fonds de probité et de délicatesse.

Ainsi la justice sera éclairée.
Ainsi la police saura qui elle employe.
Ainsi les Négocians seront avertis.

Les faits que nous allons citer, sans commentaire, sont tombés dans le domaine public : les uns ont été publiés ; les autres ont été plaidés dans un procès soumis à la réforme de la Cour de Cassation; d'autres sont extraits des missives que le sieur Thierrée a adressées aux divers Ministères.

Extrait *du Tocsin*.

Thierrée est né d'un Quêteur de Dîmes, ou fossoyeur, dans un bourg Normand; il a été élevé chez un Notaire qui lui faisait panser les chevaux. Bientôt il lui donna la même instruction qu'à son fils, dans le but de stimuler ce fils : il apprit dans son état de *soumission*, l'art de se déguiser; il y avait un penchant naturel. La révolution de 1814 le surprit, à peine hors des langes, et il sut mettre à profit son rare talent de dissimulation et de souplesse : vrai Caméléon, il s'insinua en 1816, à force de vanter son ultracisme-royalisme, auprès de M. le Général de Puisaye et finit par usurper le titre de secrétaire d'une association, dite des *Francs-régénérés*, dans le département de l'Orne : puis se rendit maître de pièces importantes, à l'aide desquelles il faisait insolemment composer les chefs signataires de ces pièces.

Ecoutons à ce sujet M. de Courcy-Montmorin.

Copie de la Lettre de M. DE MONTMORIN.

« J'ai reçu le 2 mai plusieurs feuilles de votre Journal intitulé *le Tocsin* ; il est question du Sr Thierrée. Il s'est aussi introduit, pendant les cent jours, chez moi ; c'est un cancer qui consomme tout ce qu'il touche. Laissez mettre, dit Lafontaine, le pied chez vous à un méchant, il y a bientôt tout le corps. Tel est l'individu : il demeurait à Verneuil, peu fortuné ! Comme il paraissait fort royaliste, je l'admis en qualité de Secrétaire-Général à l'Etat-Major de l'Armée Royale de l'Orne et pays adjacens, commandée par le Marquis de Puisaye. Cet *industriel*, comme vous le définissez si bien, nous capta tous. Nous lui fîmes avoir la recette des impôts indirects à Verneuil ; ensuite l'agrégeâmes à la société des *Francs-régénérés*. Il était comblé de nos bontés, il ne les méritait guère !

»Vers la fin de 1829, ce *Chevalier-d'industrie* fut chargé par moi, de faire un échange d'un de mes domaines. Dans cette affaire, qu'à 10 lieues à la ronde on connaît, il m'a *industriellement* fait perdre de 40 à 50,000 francs, ayant reçu des deux mains. Tout Verneuil peut le signaler. Ce fut après ce coup d'industrie, qui n'est pas son essai, qu'il quitta Verneuil et sa recette, pour aller faire d'autres industries et d'autres dupes.

Il est passé maître dans l'art de la soustraction. Mais ce qui a étonné tout le monde, c'est qu'il ait obtenu, (on ne peut deviner comment) la croix de Saint-Louis. Ce fait m'a exaspéré. C'est un madré industriel; malheur à qui le croira. Il a fait bien d'autres industries semblables à la mienne, avant de purger le pays de sa présence. Témoin celle dont M. d'Espinay Saint-Leu a été victime. Il lui a échangé sa maison contre la sienne qui était grevée, *ce dont il n'a pas fait mention dans l'acte*. Ecrivez à MM. de Saint-Denis et d'Espinay, à tout Verneuil, Evreux, Dreux, les Andelys, certains quartiers de Rouen et aux environs de ce pays, on vous citera le sieur Thierrée comme le chef des *Chevaliers d'industrie*.

» Je crois que d'après les titres et papiers que nous lui *avions confiés*, et *moi*, sa principale dupe, il a été effrontément, soit dans les bureaux, n'importe où, escroquer la croix de St-Louis. Ah!....!

» Que votre *Tocsin* le signale, le stygmatife, vous aurez rendu un grand service à la société.

Signé le Comte de Courcy-Montmorin. »

C'est à l'occasion de cette lettre insérée au *Tocsin*, que Thierrée imagina d'intenter un procès à M. de Montmorin; procès qui est tombé de lui-même, Thierrée n'ayant pas osé y donner suite.

Voici les dernières réflexions de M. de Montmorin:

Château dés Hayes, le 11 Juin 1830.

« Monsieur ,

» Me voilà, d'après l'insertion de ma Lettre dans le *Tocsin*, aux prises avec le Sr *Thierrée*.

» li me demande simplement 60,000 fr. pour réparer son honneur et celui de *Madame* ; il paraît que plus la chose est rare , plus elle est chère.

» Après les élections du grand et petit collége, dont il faut bien que je remplisse le mandat, malgré Thierrée qui m'assigne pour le 24 courant au Tribunal Correctionnel à Paris , après les élections , la preuve à la main, on verra comment il m'a trompé, et je passe condamnation s'il peut avoir certificat de moralité des notables et des autorités de Verneuil.

» Je vous fais mes salutations bien sincères.

» Signé *le Comte de* COURCY-MONTMORIN. »

A l'appui des opinions politiques du sieur Thierrée sous les premières années de la restauration, nous mentionnons par *parte in quâ* sa correspondance au ministère des Finances.

EXTRAITS :

PARIS , 3o *Mars* 1824.

A Monseigneur le Comte de VILLÈLE.

« Les besoins dans lesquels je me trouve avec ma femme et mes enfans , me forcent encore à détailler à votre Excellence, etc.....

» Après le licenciement de Béthune, en 1815 , je fus dans la Perche, chargé d'organiser pour l'armée de l'Ouest ; et je suis toujours porteur de la Lettre de mes Chefs , par laquelle il *m'accuse réception des contrôles de la divison de Domfront et de celle de Mortagne, et me donne de nouvelles instructions.*

» Au retour du Roi , sur le refus du Percepteur de la ville de Verneuil , etc.

» Je fus d'abord reçu, *selon l'ordinaire*, avec beaucoup de peine, par M. Legrand, qui me dit, *comme d'usage*, à tous ceux qu'il savait ne pas être de son parti : *Je ne puis rien faire*, etc.

CERTIFICAT.

» Ailleurs, etc., M. Villette, Maire de la ville de Verneuil, en date du 7 janvier 1822 , et par lequel il atteste , que *M. Thierrée a donné des preuves de son attachement à l'auguste dynastie des Bourbons*, etc.

» Mes nombreuses réclamations sont restées sans succès, etc.

» Veuillez donc, etc.

» Je puis encore justifier à votre Excellence tout le zèle que j'ai déployé aux élections dernières, où j'ai servi la légitimité avec *ce dévouement qui ne me quittera jamais* : dévouement constaté par pièces émanées d'autorités, dont l'une venant d'un gentilhomme de la Chambre , porte :

» *En réponse à la Lettre, etc. , je ne puis que rendre le meilleur témoignage des sentimens de dévouement au Roi et à son gouvernement, que vous avez manifestés dans les dernières élections, comme électeur dans mon arrondissement.*

» *Je souhaite, etc.*

» Ces pièces sont en   etc.

» Je suis, etc.

Signé *le chevalier* THIERRÉE ,

Rue du Marché-St-Honoré , N° 9.

Lorsqu'on a un esprit tracassier, malfaisant, lorsqu'on est méchant par caractère, quelque rusé que l'on soit, on provoque les soupçons, le chapitre des investigations s'ouvre, bientôt l'homme est connu et le masque tombe. Telle est la position du Sr Thierrée; si le docteur Gall était appelé à l'inspecter, il découvrirait que le Sr Thierrée a la protubérance de la perversité. Nous voilà naturellement amenés à nous demander comment Thierrée a perdu les faveurs de la restauration, et ce qu'il a fait jusqu'à l'ère nouvelle de 1830.

La solution de la 1re question tient 1° à son caractère brouillon, ambitieux, et à sa prédestinée à faire du mal; 2° la résolution de cette question se trouve encore dans la lettre de M. de Courcy-Montmorin, son bienfaiteur. On voit que le péché d'ingratitude est inhérent au Sr Thierrée.

Pour répondre à la 2me question, il nous suffira d'analyser le *Tocsin*. Par ce moyen nous abrégerons, tout en fournissant au public la connaissance d'une partie des méfaits reprochés au Sr Thierrée : en même tems nous apprendrons au public quelles étaient les occupations des mariés Thierrée durant les disgrâces de la restauration que lui Thierrée avait accumulées sur lui par son ingratitude et ses actes de déloyauté.

Extrait du supplément du Journal LE TOCSIN.

Homme sans honneur, votre conduite est celle d'un intrigant déhonté dont j'ignorais les fâcheux antécédens. Mon administration est désinfectée de vous ; vous démoraliseriez la Maison Laffitte, si la fatalité voulait que vous y missiez le pied.

Vous avez cru m'anéantir par vos soustractions de registres, de correspondance, de listes d'abonnés, de documens, de contre-lettre et du plus précieux du mobilier ; mais heureusement qu'il est resté des traces de votre enlèvement. Le mal que vous avez résolu de me faire retombera sur vous ; rarement un acte déloyal demeure impuni.

« Si vous aviez de l'âme, vous auriez vengé autre-
» ment que par des écrits pamphlétaires votre bou-
» tonnière attaquée : mais le sang croupi d'un lâche
» circule dans vos veines. »

Celui qui fait arrêter quelqu'un dans le dessein de s'approprier une marchandise achetée avec artifice, doit s'attendre à l'indignation et au mépris de tous.

Nous avons promis la biographie du Sr Thierrée et nous tiendrons parole. Si nous tardons à publier ce recueil immense et immoral de ses faits et gestes, c'est que nous voulons qu'il soit complet et qu'il ne laisse rien à désirer : il a beau prendre les devans avec son mémoire, sa défaite n'en sera que plus glorieuse pour nous.

RECTIFICATION.

Déménagement furtif.

Le Lundi 20 février 1826, la Dame Ve Mauguier, née Anne-Marie-Brigitte-Catherine Gervais, se rendit chez M. le Commissaire de Police du quartier Saint-Sulpice, et lui annonça que la Dame Ve *Legrand*, épouse du sieur *Thierrée*, avait déménagé furtivement tous les meubles et toutes les marchandises qui garnissaient la boutique qu'elle lui avait louée pour tenir un commerce de Mercerie et Lingerie, rue du Petit-Bourbon-St-Sulpice, N° 1. M. le Commissaire de Police en dressa procès-verbal, après s'être transporté sur les lieux, avoir reconnu l'exactitude de la déclaration, et constaté que les S^r et Dame Thierrée n'avaient rien laissé.

Les 8 et 10 mars suivans, MM. Soirre, marchand à Lille ; Trompette, menuisier, rue de Condé, n° 15 ; Courtois, M^d de mousseline, rue Saint-Denis, n° 358 ; Amy, tailleur, rue de Valois, n° 8, rendirent une plainte en escroquerie contre les S^r et Dame Thierrée.

MM. Brun, rue Guénégaud, n° 22 ; Morin, rue des Canettes, n° 25 ; Brisseu, Doctrinal ès lettres, demeurant rue du Four St-Germain , n° 16, furent désignés comme pouvant indiquer les endroits où l'on avait transporté les marchandises ; Mme Terrat, rue des Fossés-Saint-Germain-des-Prés , n° 26 ; et M. Pierreport , rue Traversière-St-Honoré, n° 22 , furent également indiqués ; on signala même un nommé *Wormser* , qui par des renseignemens favorables avait facilité les achats des S^r et Dame Thierrée. La position actuelle de ce sieur Wormser ne me permet pas de parler de ses opérations. Je ne donne aujourd'hui ces détails que parce que notre administration est accablée de lettres qui demandent si le sieur Thierrée et la Dame Adélaïde – Elisabeth Robichon , son épouse , dont le Journal entretient ses lecteurs dans les numéros des 21 au 26, et 26 au 30 avril dernier, ne seraient point la Ve *Legrand* et le même Louis-Pierre *Thierrée,* qui demeuraient rue du Petit-Bourbon , n° 1 , et qui sont aujourd'hui rue Rameau , n° 11.

FAILLITES.

Nous nous sommes empressés de cesser une publication qui n'eût été qu'un scandale plus nuisible que préjudiciable au commerce.

Le sieur Thierrée , en enlevant nos archives , ce qu'il nie en parole, mais ce qu'il prouve par ses actions, a spéculé autrement.

Il fait imprimer ces listes de faillites, qui sont la propriété de l'administration du *Tocsin* et qu'il a frauduleusement enlevées; il livre à la publication des noms de commerçans dont quelques-uns ont su réparer leur malheur et indemniser leurs créanciers. Le seul but de ce *déhonté diffamateur* est d'obtenir une rétribution pour ne mettre qu'une lettre initiale.

Que le commerce se rassure, cette publicité n'aura point lieu. Le rédacteur-gérant du *Tocsin* veut prémunir le commerce contre les pièges qui lui sont tendus ; mais il n'a jamais prétendu faire du scandale. Il appartenait à celui-là seul qui a bravé toute honte, à celui qui a enlevé les archives secrètes d'un Journal créé pour l'utilité du commerce, de publier des listes aussi nuisibles. Des oppositions sont faites à la direction de la librairie : tout imprimeur qui livrera à la publicité les listes des faillites, se rendra nécessairement complice du larcin du sieur *Thierrée*, et encourra etc., etc. d'exercer tant contre ledit Thierrée que contre celui qui l'aidera.

Nous voulons convaincre le commerce que nous ne sommes pour rien dans cette publication; nous transcrivons donc la lettre adressée à chaque failli par le sieur *Thierrée*.

Paris, le 10 Mai 1830.

MONSIEUR,

« J'ai annoncé que je publierais avant le 1er juin prochain, » et par ordre alphabétique, la liste générale des faillites à

» Paris depuis la promulgation du code de commerce : votre
» lettre s'imprime : si le jugement de mise en faillite du 10
» juin vous concerne, voulant être exact, je vous prie de me
» faire connaître en personne, au plus tard dans trois jours,
» la nature des arrangemens pris avec vos créanciers. Lorsque
» je corrigerai l'épreuve qui va m'être soumise demain, une
» annotation fera la part que méritent toujours le malheur et
» la bonne foi. »

» J'ai l'honneur de vous saluer,

» *Signé* THIERRÉE. »

Au mois de novembre 1829, je publiai le *Tocsin commercial* : j'ai reçu beaucoup d'encouragement, etc......

La cause unique provient de ce que j'ai eu pour collaborateur, le seul homme peut-être en France avec lequel je n'aurais jamais dû avoir le moindre rapport. Je veux parler du sieur Pierre-Louis Thierrée, se décorant de la Croix de Saint-Louis, demeurant provisoirement rue Rameau, n. 11.

J'allais mettre sous presse des notes justificatives pour repousser les téméraires et mensongères inculpations du sieur Thierrée, débitées dans son libelle du 20 avril, *retrempé par un avocat dont le style et le langage sentent l'odeur des prisons et des carrefours à 10 lieues à la ronde*, lorsque j'ai réfléchi que ce serait donner par trop d'importance *à cet être abject, à ce génie malfaisant, à cet artisan de fraude, à cet ennemi du repos de l'ordre, de la bonne foi et de l'honneur;* et puisqu'il faut dire toute la vérité pendant qu'on est en instance, je vais mettre à nu le sieur Thierrée ; sa Biographie me servira de réfutation.

BIOGRAPHIE *du Sieur* **THIERRÉE.**

Je ne trace ici que les détails les plus saillans de la carrière administrative et commerciale du sieur Thierrée.

En 1817, il dut sa nomination de Percepteur des Contributions à Verneuil (Eure), aux tourmentes de l'époque : de puissans personnages lui avaient accordé leur confiance; partout il se targue de leurs signatures dont il fait un abus révoltant ; partout, aussi, ces messieurs le désavouent hautement.

Plusieurs causes amenèrent sa destitution. Un procès-verbal du 3 janvier 1823 contient le mot *Concussionnaire*. Une lettre de son successeur, en décembre 1822, énonce un Jugement en Police Correctionnelle, conjointement avec une Dame, pour voie de fait envers des Contribuables. Après cette destitution, Thierrée tenta de se faire recevoir Notaire à deux reprises ; il crut, parce qu'il avait été garçon de peine chez un Notaire, qu'il avait des droits à ce titre. Repoussé, quelles qu'en soient les causes, *Paris* devint son refuge. Il se mit à la tête d'une entreprise de voitures, qu'il fut bientôt obligé de quitter, en laissant des dettes et de tristes souvenirs. Des marchands de chevaux, des selliers, des fournisseurs, des conducteurs à cautionnement, sont là pour attester qu'ils ont été les victimes du Sr Thierrée.

Avant cette déconfiture calculée, Thierrée avait spéculé sur le mariage du docteur Oliv.....; celui-ci perdit sa dot. C'est après ce coup de maître que le sieur Thierrée et la Demoiselle Robichon, son épouse, se *divisèrent quant aux biens,* afin d'assurer le fruit des excursions dans le domaine public de la part du sieur Thierrée. Cette énonciation trouvera-t-elle plus d'une fois son application dans les faits que nous allons rapporter. On va en juger.

Le sieur Thierrée monta une maison d'Achat de Reconnaissances du Mont-de-Piété, près du passage du Perron. Cette nouvelle branche d'industrie ne s'étendit pas ; il l'abandonna. Le sieur Douzelle devint son cessionnaire, à des conditions dont il gardera sans doute long-temps le souvenir.

Thierrée rêva des dignités et des récompenses. Il fit valoir ses services, d'autant plus imaginaires, qu'alors qu'il acquit la Croix de Saint-Louis il n'avait *que* 35 *ans.* Telles furent les causes d'un grand scandale aux Cours d'Assises de *Paris,* de *Rouen* et d'*Orléans.* Les Juges font remise de la peine, mais la honte reste aux prévenus.

Thierrée et la Dame Robichon s'établissent marchands Merciers, rue du Petit-Bourbon-St-Sulpice, n° 1. Une prodigieuse quantité de marchandises de toute espèce, achetées par le sieur Thierrée, viennent s'engloutir dans cette boutique. Quand les créanciers dupés veulent exercer leurs droits par une saisie, la Dame Robichon prouve que c'est son domicile : le ministère de l'huissier est paralysé.

Les registres du Commissaire de Police tiennent note de cette époque de leur vie commerciale.

(Voir notre n° 32, du 1 au 6 mai.)

(Voir le *Procès-Verbal* de M. de Quincy, relatif au Déménagement furtif, page 11 de cette brochure.)

Si ces documens ne suffisaient pas, combien de témoins pourraient déposer sur ces faits !.... Au nombre des négocians qui sont dupes de ces opérations commerciales, viennent se ranger MM.

Ques..., rue du Bouloy; Paris...; Siouv...; Jav... frères, rue du Sentier; V⁰ Auguet..., rue Quincampoix; Worm..., rue des Blancs-Manteaux; Buiss... frères, rue de la Chanverrerie; Laud..., rue Ste-Avoie; Barb..., rue des Vieux-Augustins; Carcan..., rue St-Fiacre; Court..., rue St-Denis; Bert..., rue des Jeuneurs; Mel..., rue du Gros-Chenêt; Hav.... Rouss...., rue des Jeuneurs; Forest..., rue St-Denis; Salouss..., rue Mandar; Sel. . aîné, rue Bertin-Poirée; Beauf...', rue du Gros-Chenêt; Sass..., rue Neuve-des-Bons-Enfans; Clif..., à St-Quentin; Bin..., Mᵈ de chevaux, rue des Marais; Delfus... Huguenin, rue du Gros-

Chenet ; Na..., rue du Sentier ; Pesc..., rue du Faubourg St-Martin.

Des plaintes pourtant furent rendues, à Paris, contre les S^r et Dame Thierrée. Pendant l'instruction, ils furent obligés d'*errer* jusqu'à transaction avec les poursuivans les plus irrités. Ils parcoururent les départemens comme Marchands forains, et surent ainsi se soustraire *à un emprisonnement de 3 ans, auquel ils avaient été condamnés.*

Thierrée a gagné dans ses spéculations. Il atteint la *prescription quinquennale* pour l'opposer à ses créanciers. Prudent, et sans cesse sur ses gardes, il tient en poche son portefeuille garni, et ne satisfait à ses dettes qu'à la vue des gardes du commerce porteurs d'un jugement définitif.

Un épisode commercial se place ici naturellement, pour augmenter les titres du sieur Thierrée au mépris. Nous voulons parler de l'acquisition qu'il fit de la propriété Du Thuy, appartenant à M. Maupou. C'est dans cette lutte, entre la bonne foi et la ruse, entre la probité et la friponnerie, que le sieur Thierrée donna la mesure de son audace et de son habilité. Les détails de cette *spéculation* rare seraient trop longs à raconter. Le fait est qu'après un *pôt de vin* donné, le sieur Thierrée, grâce à des actes ambigus dressés, se rend maître de la propriété, et M. Maupou voit son château d'une haute valeur, livré à la démolition, ses bois abattus ! ! ! Nous nous taisons sur l'apparition d'un capitaliste compère , qui a fait reluire 20,000 fr. seulement, chez un notaire, et qui a reçu 5000 fr. de gratification pour ce tour de gibecière. On se demande où était et ce que faisait la dame Thierrée durant cette *exploitation?* elle répondait aux huissiers qu'ils n'avaient d'action que contre la personne du sieur Thierrée, qu'elle s'opposait à toute autre exécution.

Un autre épisode du même genre vient se grouper : laissons raconter la chose par un intéressé.

Voir Page 5 la Lettre de M. de Courcy.

M. Léon R...., sur la demande du sieur T...... lui transmit des valeurs qui servirent à acheter des marchandises, Thierrée garda tout. Aux échéances, il eut l'effronterie de poursuivre et faire arrêter M. Léon R...... ce dernier retrouva la correspondance du sieur Thierrée et la scène changea.

Thierrée, toujours occupé de spéculation hardie, obtint de M. G...... des billets, pour une somme de 2,500 fr.; il souscrivit un écrit de garantie ; aux échéances, point de paiement. Poursuites rigoureuses contre M. G....; non pas de la part des tiers porteurs, mais bien de celle du sieur Thierrée. On allait procéder à l'arrestation de M. Gag......, lorsqu'il retrouva l'écrit de garantie du sieur Thierrée : depuis toutes les poursuites ont cessé.

On confie au sieur Thierrée une traite de 560 f. pour en opérer le recouvrement sur M. Bou.... des accords ayant eu lieu entre le débiteur et les créanciers, ceux-ci croyent faire une chose toute naturelle, celle de retirer leur lettre des mains du Sr Therrée ; il répond audacieusement que cette traite est sa propriété. Il obtient jugement contre tous. Cependant, pressé de toute part, il est forcé à l'aveu devant trois personnes, que cette traite n'est pas à lui ; mais il ajoute que vu certaine circonstance, il suivra opiniâtrement. Nous indiquerons rapidement une acquisition de Toiles, les 19 et 25 mars derniers, à Rouen, alors même qu'il était associé du *Tocsin*, titre dont il paraît avoir voulu se couvrir, dans le but d'éloigner de lui toute idée de fraude dans cette spéculation, (voir page 25.)

Le Sr Thierrée acquéreur, comme le constate l'acte notarié du 3 avril, de la part de propriété que M. Maurice Alhoy avait dans le Journal, paya son acquisition en deux lettres de change à courte date. Le Sr Thierrée s'empresse d'offrir, en présence de trois personnes, l'escompte de ces deux valeurs ; Mme Thierrée le désire aussi vivement ; M. Maurice Alhoy accepte, et reçoit l'argent de l'une d'elles étant de 500 fr. il met sa signature au dos, mais il oublie d'écrire au-dessus de sa signature, *pour acquit*. Que fait Thierrée? il passe la lettre de change à la dame Robichon, qui est toujours là comme le démon tutélaire de tous les actes de mauvaise foi de son mari.

L'échéance de la traite arrive; Thierrée et sa dame qui ne font qu'un, poursuivent M. Alhoy en remboursement. Par ce fait, Thierrée, qui est débiteur, trouve le moyen de devenir créancier.

Par cette supercherie, il est sociétaire du Journal le *Tocsin commercial*. Trois actes sous-seing privés et un acte notarié du 3 avril, lient les parties : les comptes sont dressés; le mobilier est décrit, estimé, passé en compte; voilà bien une propriété d'objets détaillés et reconnus appartenant à la société du Journal. Au mépris de tous ces actes, Thierrée enlève furtivement le mobilier, papiers, correspondance, listes d'abonnés, archives et une contre-lettre qui s'applique à l'existence de traites créées pour le besoin de l'Entreprise. Où conduit-il tout cela? au domicile de la dame Robichon, comme l'antre où tout vient s'engloutir.

Il passe vente à la dame Robichon de tous les objets. Cette dame repousse un huissier chargé d'exercer une saisie revendication au nom de la société.

Pour couronner sa conduite, il va faire grand bruit au parquet; vrai caméléon, à force de courbettes il s'était déjà presque fait passer pour un homme à

considération ; mais le procès-verbal de concussionnaire exhibé, mais des correspondances de personnages
placés dans le haut rang de la société qui le répudient ;
mais le procès-verbal du Commissaire de Police du
quartier de la rue du Petit-Bourbon-Saint-Sulpice, le
dossier d'Aimard retiré du *greffe criminel*, et surtout
le dossier du sieur *Thirion*, sont venus dessiller les
yeux des magistrats.

Ah ! si Mlle Dub.... trompée par le sieur Thirion,
était encore en France, quelle révélation ! que de
secrets seraient exhumés de certains cartons.!!!...

Ainsi le sieur Thierrée, pour la première fois, s'est
trouvé dépouillé de tous ses artifices.

Et voilà l'homme qui est assez téméraire pour
approcher du parquet!!!

NOTA. Au moment du tirage, nous recevons diffé-
rentes notes dont quelques-unes sont relatives à une
Blanchisserie montée à Surenne, que le sieur Thierrée
a envahie par des jongleries. Les plaignans sont :
MM. Ternaux, Bourge, de Weffe, Auguste, Magnau,
Grandjean, Gaude, Gaudet. On nous parle d'une
affaire de Draps, tentée à Louviers, avec la signature
d'un Pair de France. On nous raconte un serment
prêté, pour dépenses faites dans une auberge : mais
avant de détailler tous ces nouveaux renseignemens,
il faut que nous en ayons acquis la conviction. Alors,
nous prenons l'engagement de prouver tous ces nou-

veaux faits comme ceux consignés dans la Biographie. Si le sieur Thierrée croit étourdir, selon sa tactique, par ses criailleries et en débitant force mensonges, injures, diffamations, calomnies; qu'il se détrompe, nous persévèrerons avec le calme qui convient à l'homme qui n'a qu'un seul reproche à se faire, celui de s'être mis en rapport avec un être aussi vil que le sieur Thierrée, qui a brisé tous les liens sociaux, et qui ne connaît d'autre terrain que celui de l'infamie.

EXTRAIT *d'un Mémoire produit dans le procès de Charleville.*

« J'appelle un chat un chat, et Thierrée un fripon. »

« On reprochait sans cesse au sieur Desguérinelles, d'avoir introduit dans son administration du *Tocsin*, un misérable aussi taré que le sieur Thierrée.

« Ah! bon Dieu ! répondait-il, vouliez-vous donc que je m'associasse un honnête homme, neuf sur le pavé de Paris ? c'eût été un membre inutile. N'avais-je pas à m'entourer *d'un de ces écumeurs de magasins et de bourses* qui pût me fournir promptement des renseignemens positifs, puisque lui-même avait parcouru tous les rangs de ces forbans, en avait été chef, et qu'il en connaissait dès-lors toutes les ramifications ? Quel *feseur-industriel*, sous cet aspect, pouvait m'être plus précieux que le sieur Thierrée?.

. . . .

« Je m'étais donc bien résigné dans ce sentiment d'un profond mépris, qu'inspire tout écrit que l'homme de bien ne peut lire, tant il pue la souillure et sue l'infamie ; persuadé d'ailleurs que les voleries assez connues du sieur Thierrée, avaient suffisamment fixé sur lui la réprobation publique et l'œil de la justice.

« On me communique un troisième pamphlet plus impur que les deux premiers, dans lequel le sieur Thierrée, cet abject *feseur-industriel* qui corrompt tout ce qu'il approche, qui empoisonne avec son encre, et qui tue avec sa langue, parait s'être acharné à me reproduire dans un dessein évidemment pervers, en entassant mensonges sur injures ; injures sur diffamations ; diffamations sur calomnies ; calomnies sur ordures ; le style et le sentiment répondent au cœur, aux mœurs, à l'honneur et à la probité de l'auteur.

« . . . . Ses œuvres assassines,
« Effroi des gens de bien, vont peupler les latrines. »

. . . .

« On dirait qu'il se sent tourmenté du besoin de promener partout sa honteuse existence : imitant le mulet, il pendrait volontiers à ses deux oreilles, une cloche pour assourdir les passans du poids indigeste de sa crapuleuse vie et de son atroce méchanceté.

. . . .

« Je suis contraint de mettre à nu ce méprisable être, et de rétablir les faits. »

(Ici on expose que le sieur Thierrée avait fait une opération de commerce sur les toiles, de compte à demi; que pour s'approprier tout le produit, en mars 1830, il avait fait tout facturer au nom d'un tiers. Qu'ensuite il avait fait arrêter ce tiers, et qu'à la faveur de cette incarcération, il croyait tout envahir. C'est savoir prendre les devans, coûte qui coûte.)

Poursuivons :

« Tout-à-coup le sieur Thierrée, vrai Caméléon, aussi fripon déhonté que prompt à saisir des moyens obliques, forme le hardi projet de déverser sur ma conduite, à Rouen, tout l'odieux que lui seul va vomir, espérant faire tourner toutes les chances en sa faveur. Il y arrive en poste, sème le bruit de mon arrestation, et crie au voleur, semblable à celui qui met la main à son chapeau; pensant, par ce signe, éloigner tout soupçon de lui et dépister la police. Quelle nécessité y avait-il donc pour lui, de s'immiscer dans cette affaire, s'il y était étranger, s'il n'en était pas le compère ? C'est le papillon qui vient légèrement se brûler à la chandelle.

« La ruse la mieux ourdie
« Peut nuire à son inventeur ;
« Et l'on voit la perfidie
« Retomber sur son auteur. »

« Quelqu'adroit flibustier que le sieur Thierrée soit, l'empreinte de sa turpitude est indélébile. Quelque soit sa familiarité avec l'imposture, il laisse toujours des traces qui trahissent ses intentions perfides. En effet, etc.. . . . (Suivent des détails qui établissent logiquement les faits imputés au sieur Thierrée. Hâtons-nous d'achever cette partie.)

« Pour échapper à une plainte qu'allaient dresser contre lui (Thierrée), les marchands dont il détenait les toiles, il s'empressa de tout restituer, et de racheter tous les réglemens que j'avais consentis. La *femme Thierrée qui avait présidé à tout, et qui est, comme on le sait, le manteau obligé de son mari,* donna 200 francs à M. Gosset pour rétablir le manquant, car elle avait déjà disposé d'autant, croyant sa proie assurée. Cette fois-ci, sa prévoyance fut en défaut : au lieu de profiter d'une partie de ce qu'on me volait, elle regorgea. Gare à celui qui tombera le premier dans les filets Thierrée, il réparera cet échec !!!

Voici la fin de cet écrit :

« Quel est donc le prestige qui semble encore environner en ce moment cet homme ainsi analysé, dont l'extraction se lie à la fée Sanguinolente? sont-ce ses antécédens ? mais ils le rendent le rebut de la société ! serait-ce sa croix? (1) mais la France entière en connaît maintenant la déshonorante origine ! est-ce sa carrière administrative et commerciale ? mais il y a un procès-verbal de concussionnaire , et des jugemens contre lui. »

« Il n'a laissé que des traces dégradantes et il est criblé de dettes : pourtant il jouit d'une aisance qu'il doit à ses nombreux créanciers, et à la *retraite adroitement ménagée* de demoiselle Adélaïde-Élisabeth Robichon , veuve Legrand (2). Est-ce donc sa vie privée ? mais elle n'est qu'une souillure, et le cri permanent est un appel à la justice. Ah ! je vois , il est rentré mouche....

« Espérons que ce bélitre, qui fait bondir le cœur à son seul aspect, rendra bientôt sa vie où il l'a cons-

---

(1) Sa croix est aujourd'hui sa propriété. Il l'avait achetée 1200 francs ; poursuivi par corps, sa dame a traité pour 500 francs il y a trois mois. Cette croix est donc bien aujourd'hui sa propriété. Sa dame n'a pas besoin de la mettre à couvert, personne ne la lui disputera.

(2) On lui porte le défi d'insérer dans tous les journaux *qu'il paie à bureau ouvert.* Pour ma part, je fais accourir plus de vingt-cinq créanciers dans tous les genres.

tamment vautrée. . . ., et que son âme retournera
aux enfers qui l'ont vomi pour le tourment et la dégra-
dation de l'espèce humaine.

    « Surchargé de forfaits ; de honte environné,
    « Il retourne, en hurlant, dans l'enfer étonné.

Nous terminerons cette seconde partie, par l'im-
pression d'une chaleureuse apostrophe de la part de
M⁰ Dufays, avocat estimable, au sieur Thierrée
présent, à Charleville.

« Un homme qui se fait témoin pour déposer
effrontément sur un fait qui est un néant pour lui,
puisqu'à la date du négoce reproché, Thierrée ne
savait pas s'il y avait eu des laines achetées, fac-
turées, et en quelles valeurs elles avaient été
réglées, car ce n'est qu'en janvier 1830, que
Thierrée et Duclaux se sont connus et accordés.

» Quoi ! un homme s'apposte pour incendier une
affaire dont il n'a aucune notion, parce que posté-
rieurement il a des différends d'intérêt avec le sieur
Duclaux, et des démêlés judiciaires qui le rendent
irréconciliable avec le sieur Desgue.... lui repro-
chant des malversations administratives ? Je dis qu'il
s'apposte ? Vous en avez la certitude actuellement.
Je le prouve encore par l'assignation qu'il s'est fait
donner à Paris : car pour ne pas manquer l'occasion
de venir distiller son venin, il a eu soin d'élire un
domicile fuyard. Il s'est bien gardé d'indiquer le
réel; il est criblé de dettes et ses nombreux créanciers

seraient venus le *relancer.* Sans cette précaution ,
comment la justice de Paris aurait-elle trouvé sa retraite ? La femme a imité le mari : voilà qui est con-
séquent.

« Un homme qui a la lâcheté de poursuivre , par
des pamphlets successifs , le quatrième est d'hier ,
deux prévenus sous les verroux, bien certain de leur
impuissance à pouvoir lui riposter ? Et comment ré-
pondraient-ils ? ces libelles honteux ne pénètrent pas
dans la prison. Moi-même, je n'ai pu m'en procurer
un exemplaire que par l'intermédiaire d'un *tiers.* J'ai
dit qu'il y avait lâcheté ? N'y en a-t-il pas toujours
de la part de celui qui attaque qui ne peut se défen-
dre ! Le sieur Thierrée a eu la facilité de s'élancer en
champ clos , il y a même été provoqué : j'ai en main
le journal qui lui dit : *que le sang croupi d'un lâche
circule dans ses veines , qu'il devrait venger autrement que par des écrits pamphlétaires, sa décoration
arrachée : que la calomnie lui est aussi nécessaire que
l'air qu'il respire.* Les parties alors étaient corps à
corps. A-t-il bougé ? non , Messieurs.

N'est-il pas accusé, le Journal en main , de s'être
vendu à cette fourmilière de *chevaliers d'industrie*
dont il devait décimer les rangs ?

Un homme qui n'a pu faire dire à cette audience, à
son compère, que le sieur Desgu......, à table
entr'eux deux , et la *femme Thierrée qui est de toutes
les confidences à charges....* Et que nous importe aujourd'hui tout cet attirail de billets présumés faux ?

Ils n'ont fait que nuancer fugitivement l'instruction, puisque ce crime vulgaire sorti du cerveau des mariés Thierrée, a été écarté par un arrêt de compétence. Mais, disons-le, dans quel temps, Messieurs, les mariés Thierrée prétendent-ils que le sieur Desgu..... aurait tenu ce colloque plus qu'étrange ? à une époque où il y avait désaccord complet entr'eux, où ils ne se parlaient plus que par échange de papier timbré, et tandis qu'ils étaient, comme ils le sont encore, devant trois tribunaux à la fois ; à l'époque où le sieur Desgu.......... avait expulsé le sieur Thierrée de ses bureaux, en portant sa main sur sa décoration, présens tous les employés. Dans cette attitude de guerre flagrante, le sieur Desgu..... .. se serait tout exprès réconcilié avec son ennemi le plus implacable, et lui aurait avoué : Je suis un *faussaire* ! ! ! Mais un criminel va cacher sa honte, il ne la divulgue pas. Sentez-vous, Messieurs, toute la scélératesse profonde de cette allégation de la part des mariés Thierrée, en même temps que sa nullité, puisqu'en définitive, il n'y a point de billets faux.

» On ne saurait rapprocher de tels faits aussi atroces sans sentir se soulever contre cet être qui, du reste ....

« Et voilà l'individu qui, à lui seul, fixerait le sort de l'accusation ? La justice l'accueillerait ! non, non, les magistrats savent se respecter, ils puisent à sources pures.

» Ne découvrez-vous pas déjà, comme moi, Messieurs, sur le visage pâle du sieur Thierrée (sa dame avait quitté l'audience), le malaise de sa position? N'entendez-vous pas comme moi ce cri vengeur.... Malheureux, fuis.... L'Océan n'est pas assez profond pour te soustraire aux regards de la justice qui lit au fond de ton cœur bourrelé :

« Homme de calomnie, artisan de libelle,
« La vérité paraît, ton audace chancelle ;
» Vainement prétends-tu dévorer ton affront,
» L'œil surprend les remords imprimés sur ton front. »

Nous regrettons de ne pouvoir pousser plus loin les citations de cet étrange procès, car nous dépasserions le cadre que nous nous sommes imposés : mais il étincelle de vérité.

Nous regrettons également d'être éloigné : 1° De Madame Burol, aubergiste, aux Andelys. Cette Dame nous donnerait la clé de plusieurs histoires concernant Mademoiselle Adélaïde-Élisabeth Robichon, veuve Legrand, femme Thierrée, séparée de biens dudit sieur, mais étroitement liée avec lui au chapitre des produits tels quels.

2° De M. Gosset, blanchisseur aux Andelys; de M. Houssaie, de Rouen, et autres; ils nous conteraient tout au long l'affaire des toiles dont les mariés Thierrée espéraient faire leur profit; ce qui a donné lieu au Mémoire duquel nous avons extrait les fragmens ci-dessus.

3° De l'épouse de M. Vincent, au Mans, et de

M. Ducrest, habitant le Mans. Ils nous fixeraient sur les résultats de quelques distractions de la part de la femme Thierrée.

En terminant, qu'il nous soit permis de noter que Thierrée s'est présenté à Mortagne, durant sa vie errante, pour se faire recevoir notaire. Ce corps a jugé l'homme. A force d'avoir été instrumenté pendant dix ans, il n'est pas étonnant que le ministère de l'huissier lui soit devenu familier. Les huissiers de Dreux, d'Évreux, de Verneuil, de Rouen, de Paris, ont presque tous été chargés de le dépister. (Tel a dû être son certificat de sapience et de stage.)

Par pure réflexion surabondante, nous ferons ressortir une chose bien avérée, c'est que Thierrée, à Paris, a eu plusieurs domiciles à la fois ; que, par ce stratagème, il favorisait les *feseurs-industriels* dans leurs achats, en réachetant à vil prix leurs marchandises ainsi procurées (1). Le *Tocsin* le dit et le prouve, le procès de Metz corrobore tout ; et, au besoin, les nombreux créanciers dupés l'attesteraient si les sieur et dame Thierrée prenaient un jour la fantaisie d'assigner un rendez-vous à leurs dits créanciers, leur annonçant qu'ils seront désintéressés à bureau ouvert.

(1) Nous sommes loin, très-loin de rechercher pourquoi la femme Thierrée vend à si bon marché ; chacun est maître des cordons de sa bourse. Mais cela ne friserait - il pas un peu quelques-uns des antécédens déroulés dans ce tableau ?

F I N.

www.ingramcontent.com/pod-product-compliance
Lightning Source LLC
Chambersburg PA
CBHW061711060726
47597CB00006B/2294